GH01932696

Impressum
Verlag: BABADADA GmbH, Nedderfeld 112 , 22529 Hamburg
Geschäftsführer / Verlagsleitung: Harald Hof
Druck: Books on Demand GmbH, In de Tarpen 42, 22848 Norderstedt

Imprint
Publisher: BABADADA GmbH, Nedderfeld 112 , 22529 Hamburg, Germany
Managing Director / Publishing direction: Harald Hof
Print: Books on Demand GmbH, In de Tarpen 42, 22848 Norderstedt, Germany

القسم
silid-aralan

يقسم
bawasin

786/2

لوحة
pisara

معلم
guro

لاكور
bakuran ng paara

ورقة
papel

يكتب
sumulat

ستيلو
pen

بيرو
mesa

مسطرة
ruler

كتاب
aklat

تلميذ
mag-a

كرطاب
satchel

المقلمة
lalagyan ng lapis

قلم الرصاص
lapis

منجارة
pantasa

ممحا
goma

قاموص بالتصاور
biswal na diksyunaryo

الكايي تاع الرسم

drowing pad

الرسم

drowing

البانسو

pinsel na pampinta

باتير

kahon ng pinta

مقَص

gunting

كولا

pandikit

كايي تاع التمارين

klat para sa pagsasanay

الواجبات

takdang-aralin

النيميرو

numero

يجمع

dagdagan

يطرح

bawasin

يضرب

paramihin

يحسب

kalkulahin

A

الحرف

liham

ABCDEFG HIJKLMN OPQRSTU VWXYZ

الحروف

alpabeto

كلمة

salita

النص

teksto

يقرأ

basahin

طباشير

yeso

الدرس

leksyon

دفتر المدرسي

rehistro

ليقزاما

eksaminasyon

سرتفيكا

sertipiko

اللبة تاع ليكول

uniporme sa paaralan

التعليم

edukasyon

ليكسيك

encyclopedia

الجامعة

unibersidad

المجهر

mikroskopyo

الخريطة

mapa

بوبال

basurahan ng papel

اوتال
hotel

بيت الشباب
hostel

بيرة تاع الصرف
anggapan ng palitan ng pera

فاليزة
maleta

لولو
kotse

اللغة ليقصدها
wika

واه / لا
oo / hindi

صحا
Okey

مرحبا
kumusta

طرجمان
tagapagsalin

صحيت
Salamat

شعال السومة؟

magkano ang…?

مفهمتش

Hindi ko maintindihan

مشكيلة

problema

مسلخير

Magandang gabi!

صباح لخير

Magandang umaga!

تصبح بخير

Magandang gabi!

بسلامة

paalam

ديركسيو

direksyon

البقاج

bahage

ساك

bag

ساكادو

napsak

ضيف

panauhin

شمبرا

silid

ساك تاع رقاد

sakong tulugan

خيمة

tolda

استعلامات سياحية

mpormasyon ng turista

بحر

dalampasigan

كارطة ناع الكريدي

credit card

فطور الصباح

almusal

الفطور

tanghalian

العشا

hapunan

البيي

tiket

اسونسير

elebeytor

تامير

selyo

الحدود

hangganan

الديوانة

adwana

سقارة

embahada

فيزا

visa

باسبور

pasaporte

transportasyon

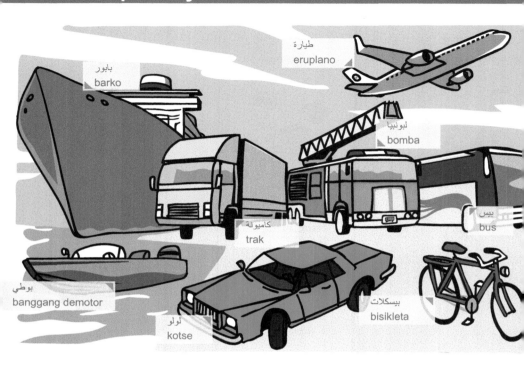

طيارة
eruplano

بابور
barko

ليونبيا
bomba

بيس
bus

كاميونة
trak

بوطي
banggang demotor

بيسكلات
bisikleta

لولو
kotse

بابو
lantsang pantawid

بوطي
bangka

موطو
motorsiklo

لوطو تاع لابوليس
sasakyan ng pulis

لوطو تاع السيباق
kotseng pangkarera

لوطو تاع كرية
nirerentahang kotse

لواطا تاع كرية
....
car sharing

رومورك
....
trak na panghila

كاميو تاع الزبل
....
trak na pantapon ng basura

موتور
....
motor

ليسونس
....
panggatong

ستاسيون
....
gasolinahan

بانو
....
karatula ng trapiko

ترافيك
....
trapiko

سركالة
....
masikip na trapiko

باركينغ
....
paradahan ng kotse

لاقار
....
estasyon ng tren

السبيكة
....
riles

قطار
....
tren

ترام
....
trambya

فاغون
....
wagon

الهيكبتار

helikopter

مطار

paliparan

تور

tore

مسافر

pasahero

كونتنار

sisidlan

كرطونة

karton

شاريو

kariton

سلة

basket

يقلع / يهود

umalis / lumapag

قرية

nayon

البلاد

sentro ng lungsod

دار

bahay

سينيما
sinehan

لا بيب
mag-anunsiyo

الضوء تاع برا
ilaw sa kalsada

طريق
kalsada

طاكسي
taksi

كيوسك
tindahan ng miryenda

بيبطون
taong naglalakad

تروطواع
aspalto

فيروج
mga ilaw trapi

رنبوان
liwasan

بساج بييتون
pedestrian lane

بوبال
bin

كوخ
kubo

برطمان
patag

لاقار
estasyon ng tren

لاميري
munisipyo

متحف
museo

ليكول
paaralan

الجاميعة

unibersidad

بانكة

bangko

سبيطار

ospital

اوتال

hotel

فارماسي

parmasya

بيرو

opisina

مكتبة

tindahan ng aklat

حانوت

tindahan

فلوريست

tindahan ng bulaklak

سوبرات

supermarket

مرشي

palengke

حانوت كبير

department store

مسمكة

tindahan ng isda

سونتر كومرسيال

sentrong pamilihan

المينا

daungan

بارك

parke

بنك

bangko

جسر

tulay

درج

hagdan

ميترو

underground

تونال

tunel

لاري تاع البيس

hintuan ng bus

بار

bar

مطعم

restawran

صندوق البريد

kahon ng koreo

البانوات

karatula sa kalsada

مقياس زمن الوقوف

metro ng paradahan

حديقة حيوانات

zoo

بيسين

swimming pool

جامع

moske

فيرما

bukid

التلوث

polusyon

مقبرة

libingan

قليزية

simbahan

بارك

palaruan

معبد

templo

الريف

tanawin

واد

lambak

جبل

burol

بحيرة

look

غابة

kagubatan

صحرا

disyerto

بركان

bulkan

شاطو

kastilyo

قوس قزح

bahaghari

فطر

kabute

نخلة

palmera

ناموسة

lamok

ذبانة

langaw

نملة

langgam

نحلة

bubuyog

رتيلة

gagamba

خنفوس

salagubang

جرانة

palaka

سنجاب

ardilya

قنفود

parkupino

قنينة

liyebre

بومة

kuwago

زاوش

ibon

بجعة

sisne

حلوف

bulugan

عزالة

usa

إلكة

moose

سد

dam

الطاحونة

turbina ng hangin

خلية شمسية

solar panel

كليما

klima

سارفور / waiter

المونيو / putahe

كرسي / silya

سوبة / sopas

بيتزا / pizza

ناب / mantel

كوفار / kubyertos

اوردوفر

panimula

الطبق الرئيسي

pangunahing pagkain

ديسار

panghimagas

مشروبات

inumin

ماكلة

pagkain

القرعة

bote

فاست فود

fastfood

ماكلة نديه معايا

pagkaing kalye

براد اتاي

tsarera

سكرية

panutsa

طرف

bahagi

ماشينة تاع اكسبريسو

espresso machine

كرسي عالي

mataas na upuan

فاتورة

bayarin

سني

bandehado

خدمي

kutsilyo

فرشيطة

tinidor

مغيرفة

kutsara

مغيرفة تاع لاتاي

kutsarita

سربيتة تاع الطابلة

serviette

كاس

baso

طبسي

pinggan

بول

platong pansopas

طبسي تاع الفنجال

platito

لاصوص

sawsawan

القوطي تاع الملح

pangkalog ng asin

طحان تاع الحرور

panggiling ng paminta

خل

suka

زيت

langis

ليزيبيس

pampalasa

كتشوب

ketsup

موطارد

mustasa

مايونيز

mayonnaise

بروموسيو
espesyal na alok

كلويون
kustomer

مشتقات الحليب
produktong mantikilya

ثمارايو
troli

FOR

فاكية
prutas

بوشي
butser

بولونجي
panaderya

يوزن
timbang

خضار
mga gulay

لحم
karne

سيرجولي
pinalamig na pagkain

كاشير

malamig na karne

كونسارف

delatang pagkain

الاومو تاع لغسيل

pulbos na panlaba

الحلويات

matatamis

صوالح الدار

mga produktong pambahay

ديتارجو

mga produktong panlinis

فوندوز / خدامة فالحانوت

tindera

لاكاس

cash register

كاسسي

kahera

ليستا تاع الشري

listahan ng pinamili

سوايع الخدمة

oras ng pagbubukas

تزداتم

pitaka

كارطة ناع الكريدي

credit card

ساك

bag

بورسة

plastik bag

الماء

tubig

جو

juice

حليب

gatas

كوكا

coke

الشراب

alak

البيرة

serbesa

شراب

alak

كاكاو

kakaw

لاتاي

tsaa

قهوة

kape

اكسبريسو

espresso

كابوتشينو

cappuccino

بانانة

saging

تفاح

mansanas

تشينا

kahel

بطيخ

melon

ليم

limon

كروطة / زرودية

carrot

ثوم

bawang

بانبو

kawayan

بصل

sibuyas

شانبينينو

kabute

بندق

mani

ليبات

noodles

سباقيتي

spaghetti

روز

bigas

سلاطة

ensalada

ليفريت

chips

ليفريت

pritong patatas

بيتزا

pizza

هانبورقر

hamburger

سندويش

sandwich

اسكالوب

piraso ng karneng walang buto

لحم الحلوف

hamon

سامي

salami

مرقاز

tsoriso

جاجة

manok

لحم مشوي

inihaw

حوت

isda

شوفان

mga porridge oat

موسلي

muesli

كورن فلكس

cornflakes

فرينة

harina

كرواسون

croissant

خبيزة

rolyong tinapay

الخبز / كسرة

tinapay

خبز محمر

tostado

بيسكوي

biskuwit

زبدة

mantikilya

لبن

keso

قاطو

keyk

بيض

itlog

بيض مقلي

pritong itlog

فرماج

keso

لاكرام

sorbetes

سكر

asukal

عسل

pulot

كونفتير

jam

نوقا

tsokolateng pinapahid

الكاري

curry

فيرمة
bahay sa bukid

مخزن
kamalig

رزمة تاع تبن
bungkos ng dayami

حقل
palayan

عود
kabayo

قنطرة
treyler

مهر
bisiro

جرار
traktora

حمار
asno

خروف
tupa

كبش
tupa

معزة
kambing

بقرة
baka

عجل
guya

حلوف
baboy

حلوف صغير
biik

طورو
toro

وزة

gansa

بطة

pato

فلوس

sisiw

جاجة

inahin

سردوك

katyaw

طوبا

daga

قطة

pusa

فأر

daga

ثور

kapong baka

كلب

aso

دار الكلب

bahay ng aso

تييو

hose sa hardin

إبريق

latang pandilig

منجل

haras

محراث

araro

منجل
karit

الفاس
asarol

مذراة الزبل
tuhugin

شاقور
palakol

برويطة
karitela

معلف
sabsaban

قابة تاع حليب
lata ng gatas

ساشيا
sako

سياج
bakod

صطبل
kuwadra

بوطاجي
punlaan

تراب
lupa

بذور
buto

سماد
pataba

حصادة
combine harvester

يحصد
mag-ani

الغلة
ani

بطاطا
yams

قمح
trigo

صويا
soya

بطاطا
patatas

ماييس
mais

سلجم
rapeseed

شجرة تاع فاكية
kahoy na namumunga

منيهوت
kamoteng kahoy

الخبوب
siryal

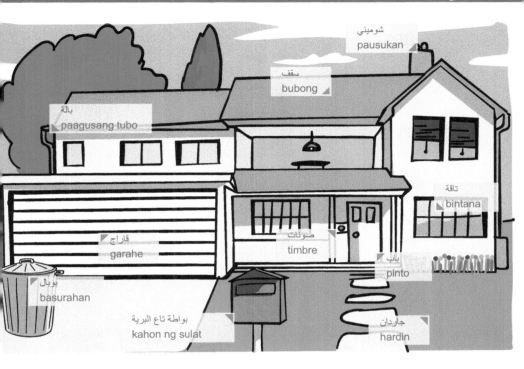

شوميني
pausukan

سقّف
bubong

بالّة
paagusang tubo

تاقة
bintana

قاراج
garahe

صونات
timbre

باب
pinto

بريال
basurahan

بواطة تاع البرية
kahon ng sulat

جاردان
hardin

صالون
salas

الحمام
palikuran

كوزينا
kusina

شامبرا تاع رقاد
silid-tulugan

شمبرا تاع ذراري
silid ng bata

صالة مونجي
hapag-kainan

لرض
sahig

حيط
pader

بلافو
kisame

كافا
bodega ng alak

سونا
sauna

بالكون
balkonahe

تيراسة
terasa

بيسين
pool

جزارة تاع حشيش
pamputol ng damo

ااووس
piraso ng papel

كووات
kobrekama

ناموسية
higaan

مصلحة
walis

بيدو تاع صليح
timba

انتغبثور
pindutan

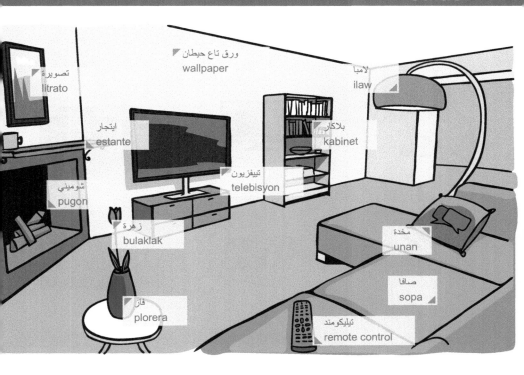

تصويرة
litrato

ورق تاع حيطان
wallpaper

لامبا
ilaw

ايتچار
estante

بلاكار
kabinet

شومیني
pugon

تييفزيون
telebisyon

زهرة
bulaklak

مخدة
unan

فاز
plorera

صافا
sopa

تيليكومند
remote control

طابي
karpet

ريدو
kurtina

طابلة
mesa

كرسي
silya

كرسي ببوجي
tumba-tumba

فوتاي
sandalan

كتاب

aklat

طوفيرطة

kumot

زواق

dekorasyon

الحطب

kahoy na panggatong

فيلم

pelikula

الستيريو

hi-fi

مفتاح

susi

جرنان

dyaryo

كادر

pinta

بوستار

poster

راديو

radyo

كناش

kuwaderno

اسبيراتور

vacuum cleaner

صبار

kaktus

شمعة

kandila

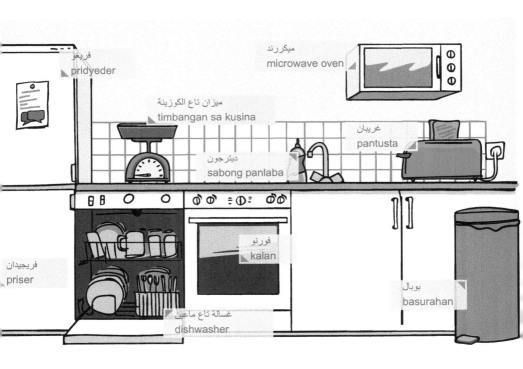

فريغو
▶ pridyeder

ميكرروند
microwave oven

ميزان تاع الكوزينة
▶ timbangan sa kusina

ديترجون
sabong panlaba

غريبان
pantusta

فريجيدان
priser

فورنو
kalan

بوبال
basurahan

غسالة تاع ماعين
dishwasher

الفور
lutuan

قدرة
kaldero

مرميطا
kalderong bakal

طاوة غامقة
wok / kadai

مقلة
kawali

غلاية
takore

قدرة

pasingawan

سني

bandehado sa paghuhurno

ماعين

babasagin

قوبلي

mug

طبسي

mangkok

مطارق تاع الماكلة

sipit ng intsik

لوشة

sandok

سباتولة

spatula

الضرابة

pampalis

كسكاس

pansala

صفاية

salaan

راب

pangkayod

مهراز

almires

شواية

barbikyo

موقد

siga

اشنولب
tadtaran

رولو
rodilyo

الحلال
tribuson

قابسة
lata

الحلال
pambukas ng lata

كتان
panghawak ng kaldero

لافابو
lababo

بروسة
bras

بونجة
espongha

الخلاط
blender

فريغو
malalim na freezer

بيبرونة
bote ng sanggol

سبالة
gripo

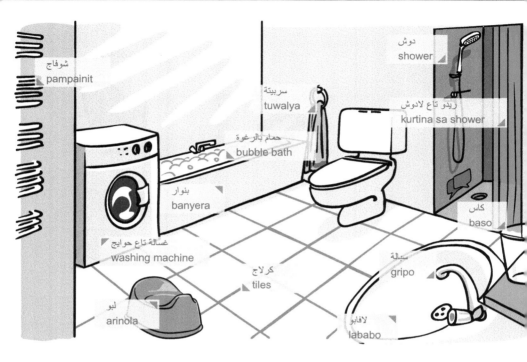

شوفاج
pampainit

سربيتة
tuwalya

حمام بالرغوة
bubble bath

بنوار
banyera

غسالة تاع حوايج
washing machine

دوش
shower

ريدو تاع لادوش
kurtina sa shower

كأس
baso

كرلاج
tiles

سبالة
gripo

لبو
arinola

لافابو
lababo

توالات
banyo

توالات تركي
squat toilet

غسال الرجلين
bidet

مبولة
ihian

ورق تاع توالات
toilet paper

بروسة تاع توالات
iskoba sa banyo

بروسدون

sipilyo

دونتفريس

tutpeyst

خيط السنان

dental floss

يغسل

hugasan

دوش تاع دوشات

shower na hinahawakan

دوشات

dutsa

لافابو

palanggana

بروسا تاع الظهر

bras panlikod

صابون

sabon

جال دوش

shower gel

شنبوان

shampoo

الحبل

pranela

قادوس

paagusan

بومادة

krema

ديودورون

deodorant

مراية

salamin

مراة صغيرة

salaming hinahawakan

رازوار

pang-ahit

لاموس

bulang pang-ahit

كولون

aftershave

مشطة

suklay

بروسة

brush

سشوار

pantuyo ng buhok

مثبت الشعر

sprey sa buhok

مكياج

makeup

روجالافر

lipistik

فرني

pampakintab ng kuko

قطن

bulak na lana

كوبنغل

panggupit ng kuko

ريحة

pabango

تروسة تاع حمام

washbag

طابوري

stool

ميزان

timbangan

بينوار

bata

ليغونات تاع النيتواياج

gomang guwantes

تمبون

tampon

ليبوند

malinis na tuwalya

توالات

chemical toilet

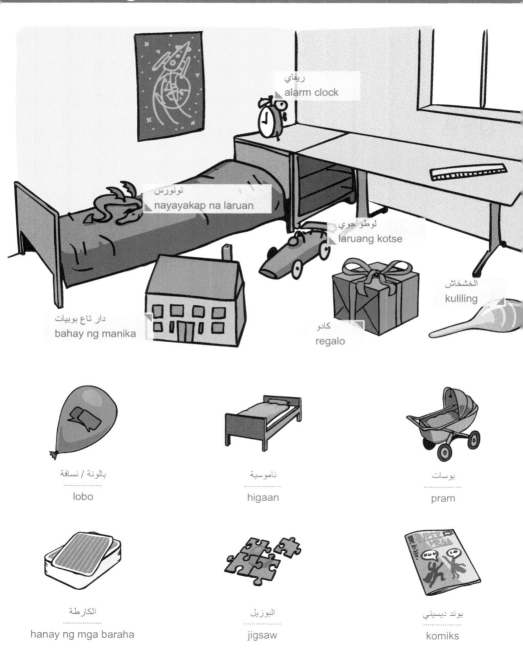

ريڤاي
alarm clock

نونورس
nayayakap na laruan

لوطؤ جوري
laruang kotse

الخشخاش
kuliling

دار تاع بوبيات
bahay ng manika

كادو
regalo

بالونة / نسافة
lobo

ناموسية
higaan

بوسات
pram

الكارطة
hanay ng mga baraha

البوزيل
jigsaw

بوند ديسيني
komiks

اللیغو

lego bricks

حجر يبنوه

blokeng laruan

بوبية

action figure

لبسة تاع البيبي

paglaki ng sanggol

فريزي

frisbee

اللهاية

mobile

لعبة الطابلة

board game

الدي

dice

التران

model train set

سوسات

manikin

حفلة / الفيشطة

salu-salo

كتاب بتصاوير

aklat ng mga litrato

بالون

bola

بوبية

manika

يلعب

maglaro

بارك بالرملة

tibagan ng buhangin

بنصوار

duyan

جوي

mga laruan

منيطا

video game console

بيسكلات

traysikel

دبدوب

teddy bear

ماريو

aparador

حوايج

pananamit

تقاشر

medyas

ليبا

stockings

كولو

pampitis

شال
bandana

بريلوي
payong

تريكو
t-shirt

حزام
sinturon

بوط
bota

بنتوفلا
tsinelas

تينيسا / سبردينا
sneakers

صندالة
sandalyas

صباط
sapatos

بوط بلاستيك
botang degoma

كالسون
salawal

سوتيان
bra

حويج تاع داخل
tsaleko

لاسق على الجسم

katawan

سروال

pantalon

جين

jeans

جيبا

palda

طابلية

blusa

قمجة

kamiseta

تريكو

pullover

قارديقون

panlamig

بلازار

blazer

فيستا

diyaket

بالطو

kapa

بالطو

kapote

كوستيم

kasuotan

روبا

bistida

روب بلونش

damit pangkasal

كوستيم

terno

شوميز دونوي

damit pantulog

بيجاما

padyama

ساري

sari

حجاب

bandana sa ulo

عمامة

turban

برقع

burka

قفطان

kaftan

عباية

abaya

مايو

panlangoy

سروال تاع عوم

trunks

شورت

salawal

لبسة تاع سبور

tracksuit

طابلية

apron

ليقونات

guwantes

قَفلة

butones

رظاون

salamin

يلسارب

pulseras

سنسلة

kuwintas

خاتم

singsing

منقَوش

hikaw

ينوب

takip

سانتر

sabitan ng kapa

شابو

sombrero

قَرافاطة

kurbata

غبمة

siper

كاسك

helmet

بروتال

tirante

اللبة تاع ليكول

uniporme sa paaralan

ليِنيفورم

uniporme

رياقة

bibero

سوسات

manikin

ليكوش

lampin

بيرو

opisina

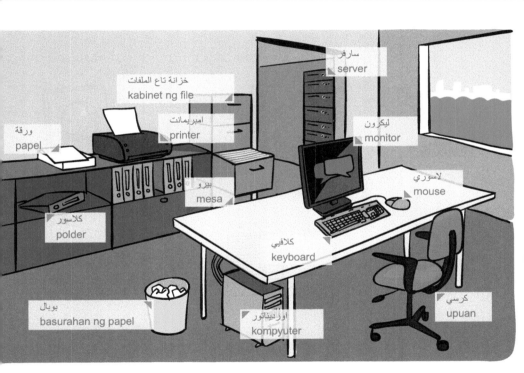

سارفر — server

خزانة تاع الملفات — kabinet ng file

امبريمانت — printer

ليكرون — monitor

ورقة — papel

بيرو — mesa

لاسوري — mouse

كلاسور — polder

كلافيي — keyboard

يوبال — basurahan ng papel

اوزديناتور — kompyuter

كرسي — upuan

كاس قهوة

tasa ng kape

كاكولاتريس

calculator

لانترنت

internet

اورديناتور

laptop

برية

sulat

ميساج

mensahe

بورطابل

mobile

ريزو

network

فوطوكوبي

photocopier

لوجسيال

software

تيلفون

telepono

بريزة

saksakan

فاكس

fax machine

استمارة

anyo

وثيقة

dokumento

يشري

bumili

يخلص

magbayad

يتاجر

ikalakal

دراهم

pera

دولار

dolyar

اورو

euro

ين

yen

روبل

rublo

فرنك سويسري

swiss franc

يوان

renminbi yuan

روبية

rupee

ديستربيبتور

cash point

بيرة تاع الصرف

tanggapan ng palitan ng pera

ذهب

ginto

فضة

tanso

نفط

langis

طاقة

enerhiya

السومة

presyo

عقد

kontrata

طاكس

buwis

سهم

stock

يخدم

trabaho

خدام

empleyado

مول الثي

taga-empleyo

وزين

pabrika

حانوت

tindahan

بوليسي
opisyal ng opisyal

بومبي
bombero

طباخ
tagapagluto

الطبيب
doktor

بيلوط
piloto

جرديني
....
hardinero

نجار
....
karpentero

خياط
....
mananahi

قاضي
....
hukom

شيميك
....
kemiko

ممثل
....
aktor

شوفير

tsuper ng bus

طاكسيور

tsuper ng taxi

صياد

mangingisda

خدامة

tagapaglinis

ماصو تاع الصقف

tagapagkabit ng bubong

سارفور

waiter

صياد

mangangaso

بنتار

pintor

خباز

panadero

...

الكتريسيان

elektrisyan

ماصون

tagapagtayo

مهندس

inhinyero

بوشي

magkakarne

بلومبي

tubero

فاكتور

kartero

جندي
sundalo

ارشيتكت
arkitekto

كاسسي
kahera

بياع اورد
magtitinda ng bulaklak

كوافير
manggugupit

الكنترول
konduktor

ميكانيسيان
mekaniko

كابيتان
kapitan

طبيب سنان
dentista

عالم
siyentipiko

حاخام
rabbi

امام
imam

موان
monghe

موان
klero

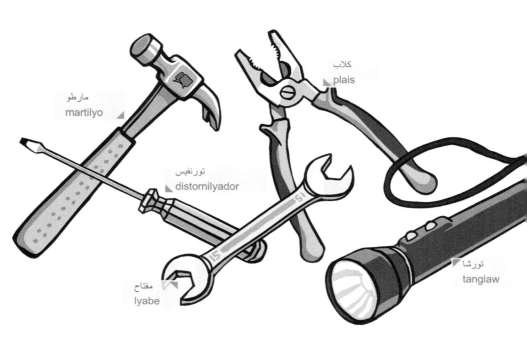

كلاب
plais

مارطو
martilyo

تورنفيس
distornilyador

مفتاح
lyabe

تورشا
tanglaw

جرافة

panghukay

قايصة نتاع ليزوتي

toolbox

سلوم

hagdan

منشار

lagari

مسامير

mga pako

برسوز

pambutas

يصنع

kumpunihin

البالة

pala

ياويلي

Kainis!

بالا

pandakot

بو تاع بنتورة

palayok ng pintura

ليفيس

mga tornilyo

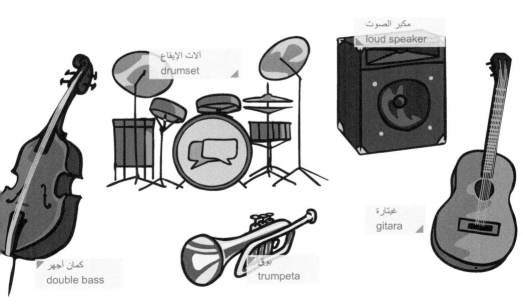

آلات الإيقاع
drumset

مكبر الصوت
loud speaker

غيتارة
gitara

كمان أجهر
double bass

بوق
trumpeta

بيانو

piyano

كمنجة

biyolin

جيبر

bass

طبل كبير

timpani

طبل

mga drum

بيانو كهرباني

keyboard

ساكسوفون

saksopon

ناي

plauta

ميكروفون

mikropono

آلات موسيقية - mga pangmusikang instrumento

الدخلة
pasukan

نمر
tigre

كاجا
hawla

حمار الوحش
sebra

علف للحيوانات
pakain sa hayop

باندا
panda

حيوانات
mga hayop

فيل
elepante

كنغر
kanggaro

وحيد القرن
rhino

غوريلا
gorilya

دب
oso

جمل

kamelyo

نعامة

ostrich

سبع

leon

تشيطا

unggoy

فلامونغوز

flamingo

بيروكي

loro

دب قطبي

polar bear

بطريق

penguin

سمك القرش

pating

طاووس

paboreal

لفعة

ahas

تمساح

buwaya

عساس في حديقة الحيوان

tagapag-alaga ng zoo

عجل البحر

seal

نمر أمريكي مرقط

jaguar

فرس قزم

buriko

نمر

leopardo

فرس النهر

hipo

زرافة

dyirap

نسر

agila

حلوف

bulugan

حوت

isda

فكرون

pagong

حيوان فظ البحري

walrus

ثعلب

soro

غزال

gasel

بالون اميريكا
Amerikanong putbol

الركبة تاع البيسكلت
pamimisikleta

تينيس
tennis

باسكات
basketbol

العوم
paglalangoy

هوكي
ice-hockey

بوكس
boksing

بالون
....
soccer

الريشة الطائرة
....
badminton

اتلاتيزم
....
atletiks

الهوند
....
handball

سكي
....
skiing

بولو
....
polo

يضحك
tumawa

ينقز
tumalon

يعنق
yakapin

يمشي
lumakad

يغني
kumanta

ينوم
mangarap

يصلي
magdasal

يبوس
halikan

يكتب
sumulat

يرسم
gumuhit

يوري
ipakita

يدمر
itulak

يعطي
magbigay

يدي
kunin

يِملك

magkaroon

يخدم

gawin

كاين

maging

يوقف

tumayo

يجري

tumakbo

يجبد

hilahin

يقيس / يرمي

itapon

يطيح

malaglag

يتكسل

mahiga

يشوف

hintayin

يرفد

dalhin

يقعد

umupo

يلبس

magbihis

يرقد

matulog

ينوظ

gumising

يِشوف في

tumingin

يِبكي

umiyak

يحك

estilo

يِمشّط

magsuklay

يِهدر

magsalita

يفهم

intindihin

يِسقسي

magtanong

يِسمع

makinig

يِشرب

uminom

ياكل

kumain

يخمل

linisin

يِبغي

mahal

يطيب

magluto

يصوق

magmaneho

يطير

lumipad

يبحر بالفلوكة

maglayag

يحسب

kalkulahin

يقرأ

basahin

يتعلّم

matuto

يخدم

trabaho

يتزوج

pakasalan

يخيط

tahiin

يغسل سنانو

magsipilyo ng ngipin

يكتل

patayin

يكمي

manigarilyo

يرسل

magpadala

الحدة
lola

الجد
lolo

الاب
ama

الأم
ina

الذري
sanggol

البنت
anak na babae

الولد
anak na lalaki

ضيف

panauhin

العمة / الخالة

tiya

العم / الخال

tiyo

الخو

kuya

الخت

ate

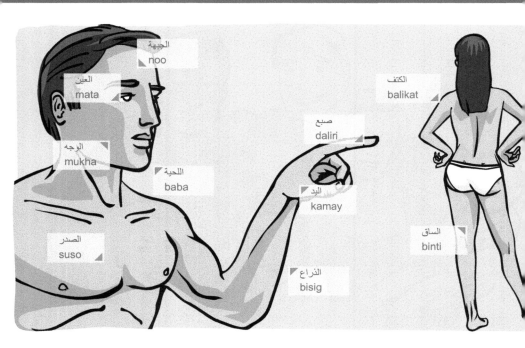

الجبهة
noo

العين
mata

الوجه
mukha

اللحية
baba

الصدر
suso

الكتف
balikat

صبع
daliri

اليد
kamay

الذراع
bisig

الساق
binti

الذري

sanggol

الراجل

lalaki

المرا

babae

الشيرة، الطفلة

batang babae

الشير

batang lalaki

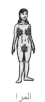

الراس

ulo

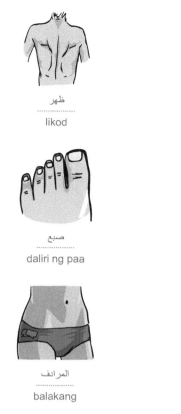

ظهر
likod

الكرش
tiyan

السرة
pusod

صبع
daliri ng paa

طالون
takong

العظم
buto

balakang
المرادف

الركبة
tuhod

لمرفغ
siko

نيف
ilong

مصاصيط
gitna

البشرة
balat

الحنوك
pisngi

لوذن
tainga

ثورورب
labi

الفم

bibig

السنة

ngipin

السان

dila

الدماغ

utak

القلب

puso

العضلة

kalamnan

الرية

baga

الكبدة

atay

لسطوما

sikmura

كلوى

mga bato

رابور

pagtatalik

فيتفارزيرب

kondom

البويضة

obyum

سبرم

semen

شركلب

pagbubuntis

ليراغل
....

pagreregla

المهبل
....

vagina

المذاكر
....

ari ng lalaki

الحاجب
....

kilay

الشعر
....

buhok

رقبة
....

leeg

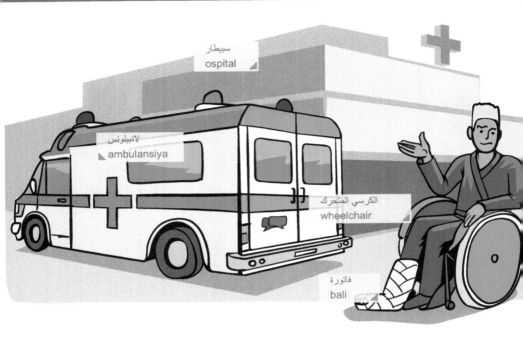

سبيطار
ospital

لانبيلونس
ambulansiya

الكرسي المتحرك
wheelchair

فاتورة
bali

الطبيب
doktor

ليزيرجونس
silid pang-emergency

الممرضة
nars

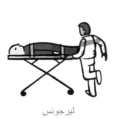

ليرجونس
emerhensiya

تغاشى
walang malay

الوجع
pananakit

الجرح

pinsala

يسل الدم

nagdurugo

القلب

atake sa puso

لافيسي

atake serebral

لالرجي

alerdye

الكحة

ubo

الحمة

lagnat

لاقريب

trangkaso

الاسهال

pagdudumi

ميغران

sakit ng ulo

السرطان

kanser

السكر

diyabetis

الجراح

siruhano

مبضع

iskalpel

عملية تاع القلب

operasyon

لاسيتي

CT

الراديو

x-ray

لولتخازون

ultrasound

لماسك

maskara sa mukha

المرض

sakit

وين يقارعو

silid-antayan

العكاز

saklay

سكوتش

plaster

لبانسما

benda

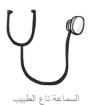

لبرة

iniksyon

السماعة تاع الطبيب

istetoskopyo

نقالة

estretser

لوزنو بيه الحمة

klinikal na termometro

زيادة

pagsilang

السمونية

labis sa timbang

جهاز السمع

hearing-aid

المعقم

pang-disimpekta

لنفكسون

impeksyon

الفيروس

bayrus

السيدا

HIV / AIDS

الدوا

medisina

الفاكسان

bakuna

الدوا حب

mga tableta

بيلولة

tabletas

يعيط للنجدة

emergency na tawag

الجهاز ليقيسو بيه الدم

pagmamatyag sa presyon ng dugo

مريض / صحيح

may sakit / malusog

سلكوني

Tulong!

لالارم

alarma

يتعدا

asulto

يهجم

atake

دونجي

panganib

مخرج الطوارئ

labasang pang-emergency

النار شاعلة

Sunog!

لكستانتور

fire extinguisher

اكسيدون

aksidente

فيزة تاع الاسعاف الاولي

kagamitan sa paunang
lunas

سلكونا

SOS

لابوليس

pulis

أوروبا

Europa

أمريكا الشمالية

Hilagang Amerika

أمريكا الجنوبية

Timog Amerika

أفريقيا

Aprika

آسيا

Asya

أستراليا

Australia

المحيط الأطلسي

Atlantika

المحيط الهادي

Pasipiko

المحيط الهندي

Dagat Indiano

المحيط المتجمد الجنوبي

Dagat Antarktika

المحيط المتجمد الشمالي

Dapat Arktika

القطب الشمالي

Hilagang polo

القطب الجنوبي

Timog polo

منطقة القطب الجنوبي

Antartika

أرض

mundo

بلاد

lupa

بحر

dagat

جزيرة

isla

امة

bansa

دولة

estado

ميناء الساعة

mukha ng orasan

عقرب الساعات

orasang kamay

عقرب الدقائق

minutong kamay

عقرب الثواني

segundong kamay

شعال راها الساعة؟

Anong oras na?

يوم

araw

زمن

oras

دروك

ngayon

ساعة رقمية

digital na relo

دقيقة

minuto

ساعة

oras

linggo

لثنين
Lunes
لاربعا
Miyerkules
الجمعة
Biyernes
الثلاثة
Martes
لخميس
Huwebes
السبت
Sabado
الحد
Linggo

لبارح
kahapon

اليوم
ngayon

غدوا
bukas

صباح
umaga

القايلة
tanghali

العشية
gabi

يامات الخدمة
mga araw ng negosyo

ويكاند
katapusan ng linggo

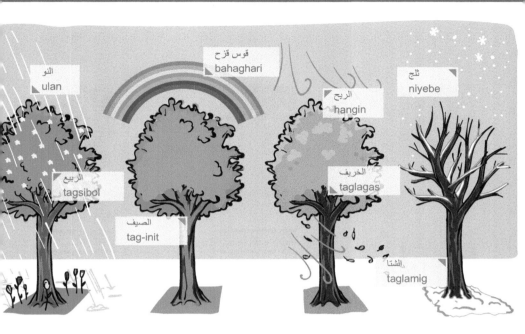

النو — ulan

قوس قزح — bahaghari

الريح — hangin

ثلج — niyebe

الربيع — tagsibol

الصيف — tag-init

الخريف — taglagas

الشتا — taglamig

يتنبأ بالحال

lagay ng panahon

مقياس حرارة

termometro

ضوء الشمس

sikat ng araw

سحابة

ulap

ضباب

hamog

ميديتي

kahalumigmigan

برق	رعد	عاصفة
kidlat	kulog	bagyo

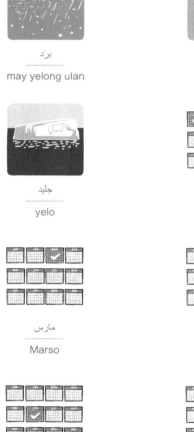

بَرَد	ريح	طوفان
may yelong ulan	tag-ulan	pagkain

جليد	جانفي	فيفري
yelo	Enero	Pebrero

مارس	افريل	ماي
Marso	Abril	Mayo

جوان	جويلية	اوت
Hunyo	Hulyo	Agosto

سبتمبر

Setyembre

اكتوبر

Oktubre

نوفمبر

Nobyembre

ديسمبر

Disyembre

فورما

mga hugis

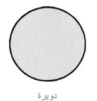

دويرة

bilog

مربع

parisukat

مستطيل

rektanggulo

مثلث

tatsulok

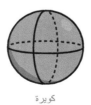

كويرة

pabilog

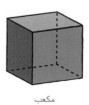

مكعب

kyub

بيض

puti

صفر

dilaw

تَشِيني

kahel

روز

rosas

حمر

pula

حلحالي

ube

زرق

asul

خظر

berde

قهوي

brown

قَري

grey

كحل

itim

بزاف / شوية

marami / kakaunti

زعفان / مكالمي

takot / kalmado

شباب / مشي شباب

maganda / pangit

البدية / التالي

simula / katapusan

كبير / صغير

malaki / maliit

فاتح / فونسي

matingkad / madilim

خو / خت

kuya / ate

نقي / موسخ

malinis / madumi

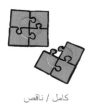

كامل / ناقص

kumpleto / kulang

نهار / اليل

araw / gabi

ميت / حي

patay / buhay

عريض / ضيق

malawak / makipot

يقدو ياكلوه / ميقدروش ياكلوه

nakakain / hindi nakakain

شرير / ناس ملاح

masama / mabuti

يثير / يمل

nakakatuwa / nakakainip

سمين / رقيق

mataba / payat

اللولا / التالية

una / huli

الصاحب / لعدو

kaibigan / kaaway

معمر / فارغ

puno / walang laman

قاصح / سوبل

matigas / malambot

ثقيل / خفيف

mabigat / magaan

جوع / عطش

gutom / uhaw

مريض / صحيح

may sakit / malusog

غير شرعي / شرعي

ilegal / legal

ذكي / مبوقّل

matalino / tanga

يسار / يمين

kaliwa / kanan

قريب / بعيد

malapit / malayo

جديد / مستعمل

bago /gamit na

مكانش / شوية

wala /mayroon

شيباني / شاب

matanda / bata

يشعل / يطفئ

naka-on / naka-off

محلول / مبلع

bukas / sarado

بشوية / بلقور

tahimik / maingay

مرفح / زوالي

mayaman / mahirap

نيشان / خاطيء

tama / mali

حرش / رطب

magaspang / makinis

زعفان / فرحان

malungkot / masaya

قصير / طويل

maikli / mahaba

بشوية / بلخف

mabagal / mabilis

مشمخ / ناشف

basa / tuyo

حامي / بارد

maligamgam / malamig

القيرة / لامان

digmaan / kapayapaan

0	**1**	**2**
صفر	واجد	زوج
sero	isa	dalawa
3	**4**	**5**
ثلاثة	ربعة	خمسة
tatlo	apat	lima
6	**7**	**8**
ستة	سبعة	ثمانية
anim	pito	walo
9	**10**	**11**
تسعة	عشرة	حداعش
siyam	sampu	labing-isa

12

شاعنث
labindalawa

13

شاعطلت
labintatlo

14

شاعطابر
labing-apat

15

شاعطنسمخ
labinlima

16

شاعطس
labing-anim

17

شاعطنطبعبس
labimpito

18

شاعطنمث
labing-walo

19

شاطعاست
labinsiyam

20

عشرون
dalawampu

100

مية
daan

1.000

ألف
libo

1.000.000

مليون
milyon

انقلي

Ingles

انغلي تاع مريكان

Amerikan na Ingles

لغة الشنوية

Tsinong Mandarin

الهندية

Hindi

سبنيولية

Espanyol

الفرونسي

Pranses

العربية

Arabe

الروسية

Ruso

البوتغالية

Portuges

البنغالية

Bengali

لالمنية

Aleman

الجابونية

Hapon

انا

ako

نتا

ikaw

هو

siya / siya / ito

حنايا

kami

نتوما

ikaw

هوما

sila

شكون

sino?

واش

ano?

كيفاش

paano?

وين

saan?

وقتاش

kailangan?

الاسم

pangalan

مرول

likuran

في

saan

قدام

sa harap ng

فوق

itaas

على

sa

تحت

ilalim

حدا

katabi

بين

pagitan

بلاصة

lugar